MINISTÉRIO DA ESPERANÇA

FREI CLARÊNCIO NEOTTI, OFM

MINISTÉRIO DA ESPERANÇA

Roteiros para velórios e exéquias

EDITORA
SANTUÁRIO

Direção editorial:
Pe. Fábio Evaristo R. Silva, C.Ss.R.

Coordenação editorial:
Ana Lúcia de Castro Leite

Revisão:
Sofia Machado

Diagramação e capa:
José Antonio dos Santos Junior

Dados Internacionais de Catalogação na Publicação (CIP) de acordo com ISBD

N438m Neotti, Clarêncio

Ministério da esperança: roteiro para velórios e exéquias / Clarêncio Neotti. - Aparecida, SP : Editora Santuário, 2020.
96 p. ; 12,5cm x 17,5cm.

Inclui índice.
ISBN: 978-65-5527-006-8

1. Cristianismo. 2. Pastoral da esperança. 3. Morte. 4. Velórios. 5. Exéquias. I. Título.

2020-760 CDD 240
CDU 24

Elaborado por Vagner Rodolfo da Silva - CRB-8/9410

Índice para catálogo sistemático:
1. Religião : Cristianismo 240
2. Religião : Cristianismo 24

1ª impressão

Rua Padre Claro Monteiro, 342 — 12570-000 — Aparecida-SP
Tel.: 12 3104-2000 — Televendas: 0800 16 00 04
www.editorasantuario.com.br
vendas@editorasantuario.com.br

Apresentação

Estimados irmãos e irmãs em nosso Senhor Jesus Cristo. Apresento, com alegria, gratidão e esperança, o subsídio para a PASTORAL DA ESPERANÇA, com oito roteiros de celebrações das exéquias, elaborados por Frei Clarêncio Neotti, OFM, expressando a dimensão fraterna e solidária da Igreja, em um momento de dor, sofrimento causado pela experiência da morte.

O presente subsídio manifesta o sentido cristão da vida que, no seguimento a Jesus Cristo, encontra sentido para sua "páscoa definitiva".

É a presença da Igreja consolando, confortando, acompanhando a pessoa na enfermidade, em sua "última hora" e no sepultamento. É a presença da Igreja, suscitando esperança no feliz encontro final e amoroso com o Pai de Amor e Misericórdia.

O Espírito do Senhor nos ajude nessa ação pastoral em favor dos que sofrem, celebrando bem os acontecimentos significativos da vida.

Dessa forma, vamos iluminando o acontecimento difícil que a morte suscita, celebrando na fé a certeza da Ressurreição: "Quem crê em mim, mesmo que morra viverá" (*Jo* 11,25b).

Dom Frei Dario Campos, ofm
Arcebispo Metropolitano de Vitória do Espírito Santo

Santo e salutar é rezar pelos mortos

(2Mc 12,45)

Enterrar os mortos é uma das Obras de Misericórdia praticada pelos cristãos. É um dos mais bonitos gestos da caridade fraterna. Um gesto que tem várias dimensões. Uma dimensão é a comunitária: o morto pertenceu a nossa Comunidade, era um dos nossos. Morrendo, ele não se separa inteiramente de nós, porque sua alma sobrevive e entra na chamada Comunhão dos Santos, que é sinônimo de Igreja. A Igreja abrange os que vivem na terra, os mortos e os que vivem na glória eterna. Até falamos em Igreja militante (na terra), Igreja Padecente (os mortos que se purificam e são ajudados com nossa oração) e a Igreja Triunfante (os santos, que podem interceder por nós).

Uma segunda dimensão é o respeito para com o corpo humano: damos-lhe uma sepultura digna, às vezes, coberta de flores, às vezes, cercada de pedras, e sempre com a cruz de Cristo na cabeceira. A Comunidade cristã tem grande respeito à sepultura. Nela descansa um corpo, que foi batizado, um corpo santificado pela Eucaristia, um corpo que foi templo do Espírito Santo, um corpo à espera da ressurreição, como rezamos no Credo: "Creio na ressurreição da carne".

Uma terceira dimensão é o consolo aos parentes e amigos. Nossa presença e nossa oração são conforto para os que a morte entristeceu. E consolar os tristes e abatidos é também um gesto de caridade fraterna. Na morte temos a plenitude da misericórdia divina para quem deixa a vida terrena. É também na morte de um irmão de nossa Comunidade que externamos a misericórdia de nosso coração.

Nas paredes da Capela Mortuária ficaria bem a frase do Apocalipse: "Bem-aventurados os que morrem no Senhor!" (*Ap* 14,13). Mas ficaria muito bem também a frase de Jesus no Sermão da Montanha: "Bem-aventurados os misericordiosos, porque alcançarão misericórdia" (*Mt* 5,7).

Frei Clarêncio Neotti, OFM
Santuário do Espírito Santo
Vila Velha, ES

Exéquias

(Esquema I)

Ministro: Em nome do Pai e do Filho e do Espírito Santo.

Todos: Amém!

Min.: Nós estamos aqui reunidos por causa de nossa fé na ressurreição de Jesus. A ressurreição de Jesus é a garantia de que todos ressuscitaremos. Estamos reunidos para rezar por *NN*, que terminou sua caminhada na terra. Com nossas preces, suplicamos ao Senhor sua misericórdia para com este nosso irmão *N* (esta nossa irmã *N*). Que o Senhor venha em seu auxílio e lhe conceda o convívio com os santos do céu.

(Pode-se cantar o Salmo 22, canto n. 8, p. 72)

Min.: Rezemos: Ouvi, ó Deus, nosso Pai, as nossas preces. Sede misericordioso para com o vosso servo *N* (a vossa serva *N*), que chamastes deste mundo para viver eternamente junto de vós. Concedei-lhe a alegria da vossa graça e o convívio dos vossos santos e santas. Por Cristo nosso Senhor.

T.: Amém.

(Pode-se aspergir o defunto)

Min.: Ouçamos um trecho do Evangelho de João (11,21-27):

Leitor: Quando Jesus chegou à casa de Marta, Maria e Lázaro, fazia quatro dias que Lázaro fora sepultado. Marta disse a Jesus: "Senhor, se tivesses estado aqui, meu irmão não teria morrido. Sei, porém, que tudo quanto pedires a Deus ele te concederá". Jesus respondeu: "Teu irmão ressuscitará!" Marta disse: "Eu sei que ele ressuscitará na ressurreição do último dia!" Jesus acrescentou: "Eu sou a ressurreição e a vida. Quem crê em mim, ainda que esteja morto, viverá. E quem vive e crê em mim jamais morrerá. Marta, tu crês isto?" Ela respondeu: "Sim, Senhor, eu creio que és o Cristo, o Filho de Deus, que devia vir ao mundo!"

– Palavra da salvação!

T.: Glória a vós, Senhor!

(O Ministro poderá fazer algum comentário ou ler o comentário seguinte.)

Reflexão

Na leitura que fizemos, temos uma cena familiar. Lázaro morreu. Marta lamenta a morte com Jesus, que era grande amigo da família e até costumava hospedar-se naquela casa, sempre que ia a Jerusalém. Jesus, que soubera da doença de Lázaro, chegara para visitá-lo e o encontrou morto e enterrado havia quatro dias. A morte, o choro, a visita e o consolo fazem parte da vida familiar.

Mas vem um segundo ponto: a amizade de Jesus para com Marta, Lázaro e Maria (que é a irmã dos dois e não aparece na cena que lemos). Uma amizade forte, que gera confiança. Marta mostra muita confiança em Jesus e Jesus mostra muita amizade para com ela e Lázaro. Como é bom a gente confiar em Deus na hora do sofrimento, sobretudo do sofrimento causado pela morte. Em outro momento, também muito ligado ao sofrimento da morte, na Última Ceia, Jesus disse aos Apóstolos: "Não deixem o coração ficar perturbado porque eu disse que vou morrer. Na casa de meu Pai há muitas moradas e eu lhes prepararei uma, porque eu quero que Vocês estejam onde estarei eu" (*Jo* 14,1-3).

Que Deus nos dê esta confiança pedida por Jesus. A morte é o fim da vida terrena, mas é também o começo da vida eterna prometida e garantida por Jesus. Se cremos que Jesus é Deus, cremos em sua palavra dita a Marta no trecho que lemos: "Eu sou a ressurreição e a vida. Quem crê em mim, ainda que esteja morto, viverá!" Cremos que nosso irmão *N* (nossa irmã *N*) está vivo(a) em Deus e vive uma vida que nunca mais lhe será tirada e que, por isso, chamamos de vida eterna. Creio em Jesus ressuscitado! Creio na vida eterna! Amém!

Min.: Rezemos com toda a comunidade por este nosso irmão *N* (esta nossa irmã *N*), para que alcance a bondade e a misericórdia de Deus, nosso Pai. Todos repetem: **Nós vos pedimos, Senhor!**

– Jesus, Filho de Deus, vós chorastes a morte de Lázaro. Enxugai nossas lágrimas.

T.: Nós vos pedimos, Senhor!

– Jesus, Filho de Deus, vós ressuscitastes os mortos. Dai a vida eterna a este nosso irmão *N* (esta nossa irmã *N*).

T.: Nós vos pedimos, Senhor!

– Jesus, Filho de Deus, vós prometestes o paraíso ao ladrão arrependido, crucificado e morto a vosso lado no Calvário. Recebei no céu e apresentai a Deus Pai a alma deste nosso irmão *N* (desta nossa irmã *N*).

T.: Nós vos pedimos, Senhor!

– Jesus, Filho de Deus, dissestes: "Quem crê em mim jamais morrerá". Introduzi nosso irmão *N* (nossa irmã *N*) na plenitude do Reino dos Céus. E a nós que aqui estamos concedei vivermos na esperança de um dia estarmos todos juntos no paraíso.

T.: Nós vos pedimos, Senhor!

Min.: Rezemos: Acolhei, ó Deus, nosso Pai, nossas preces. Dai o descanso eterno a todos os que em vós morreram. E a nós, que ainda peregrinamos na terra, concedei que o passamento de nosso irmão *N* (nossa irmã *N*) firme nossa fé na ressurreição e consolide nossa esperança de um dia vos ver face a face no céu. Por Cristo nosso Senhor.

T.: Amém!

(Pode-se aspergir uma segunda vez o corpo do defunto. Pode-se rezar o Creio, recordando a profissão de fé na Ressurreição da carne e na Vida eterna. Depois, o Pai-nosso em agradecimento por todos os benefícios que Deus concedeu ao morto. E reza-se a Ave-Maria, pedindo a proteção da Mãe de Deus para nós "agora e na hora de nossa morte". Conclui-se com o Glória ao Pai).

(Pode-se, enquanto se canta, aspergir o corpo do defunto uma terceira vez. Conclui-se com o sinal da Cruz.)

Exéquias

(Esquema 2)

Ministro: Convido os familiares e todos aqui presentes para entregarmos aos cuidados da misericórdia de Deus este nosso irmão *NN* (esta nossa irmã *NN*). O Senhor da vida seja o consolo de nossa tristeza e confirme nossa esperança de nos encontrarmos um dia na pátria celeste, quando chegarmos ao fim de nossa caminhada terrena. Iniciemos nossa oração com o sinal de nossa fé: Em nome do Pai e do Filho e do Espírito Santo!

Todos: Amém!

Min.: A graça e a paz de Deus, nosso Pai, e do Senhor Jesus ressuscitado estejam convosco!

T.: Bendito seja Deus, que nos reuniu no amor de Cristo!

Min.: Rezemos: Ó Deus, nosso Pai, vós nos criastes e para vós nós voltamos na hora da morte. Acolhei misericordioso este nosso irmão (esta nossa irmã), que chamastes de volta. Acolhei-o (a) na alegria eterna. Criado (a) a vossa imagem e semelhança, e adotado (a) por vós como filho (a) no dia do

Batismo, ele (ela) vos pertence. Recebei-o (a), pois, na companhia de vossos santos e santas. Por Cristo, nosso Senhor!

T.: Amém!

Min.: Rezamos o Salmo 130, uma oração de quem tem confiança em Deus. Repitam depois de cada estrofe: **Eu confio em nosso Senhor, nele está a minha esperança!**

– Das profundezas eu clamo a vós, Senhor, escutai a minha voz! Vossos ouvidos estejam bem atentos ao clamor da minha prece!

T.: Eu confio em nosso Senhor, nele está a minha esperança!

– Se levardes em conta nossas faltas, quem haverá de subsistir? Mas em vós se encontra o perdão, eu confio em vós e em vós espero!

T.: Eu confio em nosso Senhor, nele está a minha esperança!

– No Senhor ponho minha esperança, espero em sua palavra. A minha alma espera no Senhor, mais que o vigia espera pelo amanhecer do dia.

T.: Eu confio em nosso Senhor, nele está a minha esperança!

– No Senhor se encontra toda a graça e copiosa redenção. Ele vem libertar o povo de toda a sua culpa!

T.: Eu confio em nosso Senhor, nele está a minha esperança!

– Glória ao Pai e ao Filho e ao Espírito Santo, agora e sempre, amém!

(Pode-se aspergir o corpo do defunto e todas as pessoas presentes.)

Min.: Ouçamos agora um trecho do Evangelho de João, da Última Ceia (*Jo* 14,1-6):

Leitor: Jesus disse aos discípulos: "Não fique perturbado vosso coração. Acreditai em Deus e acreditai em mim também. Existem muitas moradas na casa de meu Pai. Se não fosse assim, eu já vos teria dito. Agora vou preparar um lugar para cada um de vós. Quando eu for e tiver preparado um lugar, eu voltarei e vos levarei comigo, para que, onde eu estiver, estejais vós também. E para onde eu vou, vós conheceis o caminho". Tomé perguntou a Jesus: "Senhor, não sabemos para onde vais, como poderemos conhecer o caminho?" Jesus respondeu: "Eu sou o caminho, a verdade e a vida. Ninguém vai ao Pai senão por mim".

– Palavra da salvação!

T.: Glória a vós, Senhor!

(Pode-se neste momento cantar o canto n. 17, p. 77, ou outro)

(O Ministro poderá fazer uma breve alocução sobre o texto do Evangelho. Ou ler a seguinte reflexão:)

Reflexão

Essas palavras consoladoras de Jesus foram ditas na Última Ceia, ou seja, na Quinta-feira Santa à noite. Na Sexta-feira, às três da tarde, Jesus estava morto na cruz. Ele sentia já na quinta a grande angústia da morte e os discípulos perceberam. A morte foi capaz de angustiar Jesus e entristecer os Apóstolos. Não é diferente nossa tristeza e nossa dor.

Por isso as palavras de Jesus tomam um sentido muito especial de consolação: "Na casa de meu Pai há muitas moradas". A casa de Deus Pai é o céu. Nele, junto da casa do Pai, há lugar reservado para nós. Também Jesus deixou esta vida terrena. Jesus morreu. Mas ressuscitou e subiu aos céus para preparar uma morada para nós: "Eu vou preparar um lugar para cada um de vocês". É uma promessa de Jesus, que não pode enganar ou desiludir ninguém, porque sua palavra é divina. Jesus reforça a promessa: "Quero que vocês estejam onde eu estiver".

Jesus subiu ao céu. Cremos na Ascensão de Jesus. Repetimos nossa fé no Credo: "Ele subiu aos céus e está sentado à direita do Pai". É lá o lugar que Jesus preparou para nós, com seu poder divino e seu grande amor por nós. A morte nos angustia e entristece, sim, como entristeceu e angustiou Jesus. Mas assim como Jesus passou da morte dolorosa para a vida triunfante, também nós temos esse destino. Por isso nós rezamos no Credo, que é o resumo de nossa fé: "Cremos na ressurreição da carne, cremos na vida eterna". Vocês sabem que existem lágrimas de dor e existem lágrimas de alegria. Que a fé nos ajude a transformar as lágrimas do sofrimento da partida de nosso irmão *N* (nossa irmã *N*) em lágrimas de alegria pela chegada de nosso irmão (nossa irmã) junto de Deus, na companhia de todos os anjos e santos. Amém.

(Pode-se aspergir uma segunda vez o corpo do defunto)

Min.: Rezemos confiantes ao Deus que nos criou, santificou-nos e nos quer junto dele na glória eterna. Digamos, juntos, depois de cada invocação: **Senhor Jesus, vós sois a ressurreição e a vida!**

– Jesus, que ressuscitastes na manhã de Páscoa para que nosso fim não fosse a morte, mas a vida eterna no céu!
T.: Senhor Jesus, vós sois a ressurreição e a vida!
– Jesus, filho do Deus vivo, que ressuscitastes vosso amigo Lázaro, ressuscitai para a vida eterna este nosso amigo (esta nossa amiga) para que ele (ela) esteja para convosco!

T.: Senhor Jesus, vós sois a ressurreição e a vida!

– Jesus, que sois o caminho que nos leva de volta à casa do Pai, de onde um dia saímos para viver um tempo na terra, conduzi nosso irmão *N* (nossa irmã *N*) diante da face misericordiosa de vosso e nosso Pai!

T.: Senhor Jesus, vós sois a ressurreição e a vida!

– Senhor Jesus, vós sois a vida que não morre. Nós cremos na vida eterna, porque vós prometestes levar-nos para junto do Pai, quando terminamos a peregrinação terrena!

T.: Senhor Jesus, vós sois a ressurreição e a vida!

– Senhor Jesus, depois de passar pela morte no Calvário, vós ressuscitastes na manhã da Páscoa e subistes glorioso ao céu, levai convosco nosso irmão *N* (nossa irmã *N*), que vos serviu na vida terrena e acreditou na vida eterna!

T.: Senhor Jesus, vós sois a ressurreição e a vida!

Min.: Senhor Deus, nosso Pai, Jesus nos ensinou que vós não sois um Deus de mortos, mas de vivos. Pelos méritos de Jesus, nosso Redentor, dai a glória do céu a nosso irmão *N* (a nossa irmã *N*) que, durante a vida terrena, se alimentou da Eucaristia, o Pão vivo descido do céu, o Pão garantia da vida eterna. Isso vos pedimos por Jesus Cristo, vosso Filho e nosso Senhor, que vive convosco na unidade do Espírito Santo.

T.: Amém!

(Pode-se aspergir mais uma vez o corpo do defunto, enquanto o Ministro diz:)

"N, na água e na força do Espírito Santo foste batizado(a). O Senhor complete em ti a obra de tua santificação, que ele começou em teu batismo!"
(Pode-se rezar o Credo, o Pai-nosso e a Ave-Maria.)

Min.: Que nosso irmão *N* (nossa irmã *N*) esteja na paz do Senhor, juntamente com todos os nossos mortos, que, conosco, formam a comunhão dos Santos. Abençoe-nos Deus Todo-Poderoso, em nome do Pai e do Filho e do Espírito Santo. Amém!

Exéquias

(Esquema 3)

Ministro: Este é um momento de dor e de tristeza, porque somos criaturas humanas e sentimos a separação de alguém que conviveu conosco, participou de nossas alegrias e tristezas, compartilhou conosco da Eucaristia, de nossa fé, de nossa esperança. Alguém que nos perdoou em nossas fraquezas e aceitou nosso perdão de seus erros. Choramos a partida de alguém que caminhava conosco. Mas também é um momento de esperança e consolo, porque cremos em Deus, que é Pai de misericórdia; cremos em Jesus Cristo, que morreu e ressuscitou por nós e com sua morte e ressurreição nos garantiu a vida eterna. Temos a certeza de que este nosso irmão *N* (esta nossa irmã *N*) recebeu da misericórdia de Deus o perdão de seus pecados e participa no céu da comunhão dos santos e santas. Comecemos nossa oração, como sempre fazemos: Em nome do Pai e do Filho e do Espírito Santo.

Todos: Amém!

Min.: Que o Deus da esperança esteja convosco!

T.: Bendito seja Deus, que nos reuniu no amor de Cristo!

Min.: A realidade da morte não nos deve assustar, mas sim nos despertar para a realidade da vida. Importa é que façamos o bem, enquanto nos é dado viver. Por isso, entremos em nós mesmos e com sinceridade vejamos se nossa vida é tecida de bondade, de serviço fraterno, de amor mútuo, de compreensão. Peçamos a Deus, que é todo bondade e amor, que nos serviu em seu Filho Jesus, que fortaleça nossa fraqueza, reforce nossa fé e nos cubra com sua bênção.

(Neste momento, pode-se aspergir o povo e, depois, o corpo do defunto, com a água benta. Em seguida, pode-se cantar – canto n. 16, p. 76, ou outro –, ou passar para a leitura da Escritura.

Min.: Ó Deus de misericórdia, glória dos fiéis e vida dos justos, que nos remistes pela morte e ressurreição de vosso Filho Jesus, concedei a vosso servo *N* (vossa serva *N*) que, tendo professado na vida terrena o mistério de nossa ressurreição, mereça agora alegrar-se na eterna felicidade. Por Cristo nosso Senhor.
T.: Amém!

Min.: Ouçamos um trecho da segunda Carta de São Paulo aos Coríntios (5,1.6-10):
Leitor: Irmãos, sabemos que, quando nossa morada terrestre, nossa tenda, for desfeita, receberemos de Deus uma habitação no céu, uma casa eterna não construída por mãos huma-

nas. Por essa razão, estamos sempre confiantes, sabendo que, enquanto habitamos neste corpo, estamos fora de casa, isto é, longe do Senhor, pois caminhamos pela fé e não pela visão de nossos olhos corporais. Sim, estamos cheios de confiança e preferimos deixar a casa de nosso corpo, para irmos morar junto do Senhor. Por isso, quer fiquemos em nossa morada terrena, quer a deixemos pela eterna, esforçamo-nos por agradar ao Senhor. Todos deveremos comparecer diante do tribunal de Cristo, a fim de receber a recompensa por aquilo que cada um de nós tiver feito durante sua vida no corpo, tanto para o bem quanto para o mal.

– Palavra do Senhor!

T.: Graças a Deus!

(O Ministro poderá fazer um breve comentário ou ler a reflexão que segue.)

Reflexão

São Paulo, no trecho que acabamos de ler, lembra-nos de nossa obrigação de sempre agradar o Senhor, seja por nossa vida, seja por nossa morte. Nós temos experiência de como agradar a Deus em vida: cantando e rezando em comunidade aos domingos, rezando a sós pela manhã e pela noite, colocando flores no altar, ajudando as pessoas necessitadas de consolo, compreensão e apoio. Mas como agradar a Deus pela morte?

Nossa morte é agradável a Deus quando ela não é apenas o fim da vida terrena, mas a porta que nos abre para a vida eterna. Nossa morte agrada a Deus, quando podemos, ao morrer, entregar a Deus as boas obras que fizemos: a fidelidade ao batismo, a ajuda aos necessitados, a boa convivência com as pessoas que nos cercam e trabalham conosco, o cumprimento dos compromissos conjugais, familiares e comunitários, a paz e a alegria que espalhamos em torno de nós. Nenhum gesto nosso é inútil para Deus. E é com nossas obras, pequenas e grandes, escondidas e públicas, que agradamos a Deus em nossa morte.

Mas há ainda outra maneira de agradar a Deus na morte. Jesus veio ao mundo para nos salvar. Quando morremos como cristãos, estamos dizendo a Deus que cremos em Jesus e em sua missão salvadora. Esta fé em Jesus é do agrado de Deus, porque Deus só pode sentir agrado em ver que

Jesus produziu frutos em nós. Se, ao morrer, podemos entregar nas mãos de Deus nossa fé cheia de obras, estamos dizendo a Deus que seu Filho Jesus não morreu em vão no Calvário, que Jesus não ressuscitou em vão na manhã da Páscoa. Nosso irmão *N* (nossa irmã *N*) em vida agradou a Deus por sua fé e suas obras. Agora, na morte, entregou pessoalmente a Deus os frutos de sua fé e de sua caridade. E o maior de todos os frutos foi sua pessoa batizada, crismada, alimentada pelo Pão da Eucaristia e santificada pelo Espírito Santo. Sim, podemos ser pessoas agradáveis a Deus em vida e na hora de nossa morte. Bendito seja Deus, pela vida de nosso irmão *N* (nossa irmã *N*). Bendito seja Deus por sua morte, que lhe abriu as portas da eternidade feliz. Glória ao Pai e ao Filho e ao Espírito Santo. Amém.

Min.: unidos na fé, na esperança e no amor de Cristo, abramos nosso coração a Deus, pedindo por este nosso irmão *N* (esta nossa irmã *N*) para que, livre dos laços e preocupações terrenas, seja conduzido (a) pelo Senhor Jesus à glória eterna. Digamos juntos: **Jesus, que sois nossa ressurreição e nossa vida, cremos em vós!**

– Senhor Jesus, vós viestes ao mundo para nos libertar do pecado e da morte!

T.: Jesus, que sois nossa ressurreição e nossa vida, cremos em vós!

– Senhor Jesus, vós dissestes "Eu sou a luz do mundo! Quem caminha comigo não conhecerá as trevas, mas terá a luz da vida"!

T.: Jesus, que sois nossa ressurreição e nossa vida, cremos em vós!

– Senhor Jesus, vós dissestes: "A vontade de meu Pai é que nenhum dos que ele me deu se perca, mas que eu o ressuscite para a vida eterna!"

T.: Jesus, que sois nossa ressurreição e nossa vida, cremos em vós!

– Senhor Jesus, vós dissestes: "Quem crê em mim tem a vida eterna!"

T.: Jesus, que sois nossa ressurreição e nossa vida, cremos em vós!

– Senhor Jesus, vós dissestes: "Eu sou o pão vivo descido do céu. Se alguém comer deste pão, viverá para sempre!"

T.: Jesus, que sois nossa ressurreição e nossa vida, cremos em vós!

– Senhor Jesus, vós dissestes: "Quem come minha carne e bebe meu sangue tem a vida eterna e eu o ressuscitarei no último dia!"

T.: Jesus, que sois nossa ressurreição e nossa vida, cremos em vós!

– Senhor Jesus, repetimos a confissão de fé de São Pedro: "Tu tens palavras de vida eterna. Nós acreditamos em ti e sabemos que és o Santo de Deus!"

T.: Jesus, que sois nossa ressurreição e nossa vida, cremos em vós!

Min.: Ó Deus, nosso Pai, cremos que vosso Filho nos purificou de nossos pecados. Cremos que ele nos revestiu da graça divina. Cremos que ele ressuscitou dos mortos. Cremos que, em sua ressurreição, todos ressuscitamos para a vida eterna. Essa foi também a fé de nosso irmão *N* (de nossa irmã *N*). Por isso, recebei-o(a) no paraíso, porque Jesus Cristo lhe prometeu uma herança eterna. Por Cristo nosso Senhor.

(Pode-se aspergir o corpo do defunto, enquanto se reza o Pai-nosso e a Ave-Maria.)
(Pode-se cantar o canto n. 14, p. 75 ou outro.)

Min.: Sobre nosso irmão (nossa irmã) *N*, já na glória do céu, e sobre todos nós que ainda peregrinamos na terra, desça a bênção de Deus Todo-Poderoso, Pai e Filho e Espírito Santo. Amém. Deus nos conserve em saúde e paz!

Exéquias

(Esquema 4)

Ministro: Em nome do Pai e do Filho e do Espírito Santo!

Todos: Amém!

(Pode-se aspergir a todos com a água benta. Por fim, aspergir o corpo do defunto e dizer:)

NN, partiste deste mundo em nome de Deus Pai Todo-Poderoso, que te criou; em nome de Jesus Cristo, Filho do Deus vivo, que por ti morreu e ressuscitou; em nome do Espírito Santo, que em ti foi derramado no Batismo e na Crisma. A paz seja hoje teu lugar e tua morada junto ao Senhor, na cidade celeste, com a Santa Mãe de Deus, a Virgem Maria, com São José, com todos os anjos e santos e santas.

Irmão caríssimo (irmã caríssima), eu te recomendo a Deus nosso Pai e te confio àquele que te criou para que voltasses um dia para ele. O Cristo, Filho do Deus vivo, te receba no paraíso e te reconheça como ovelha fiel de seu rebanho de bom pastor. Ele te absolva de todos os teus pecados e erros e te coloque entre seus santos. Possas contemplar o teu Redentor face a face e gozar para sempre da comunhão com Deus, de onde saíste para a vida na terra, e para onde retornaste para a vida eterna. Dai-lhe, Senhor, o repouso eterno!

T.: E brilhe para ele a luz de Deus!

Min.: Todos vão responder depois de cada pedido: **Amém, assim seja!**

– Acolhei, Senhor, vosso servo *N* (vossa serva *N*). Encontre ele (ela) em vós a salvação que sempre esperou de vossa misericórdia!

T.: Amém, assim seja!

– Livrai, Senhor, vosso servo *N* (vossa serva *N*) como livrastes Noé das águas do dilúvio!

T.: Amém, assim seja!

– Livrai, Senhor, vosso servo *N* (vossa serva *N*) como livrastes Jó de seus sofrimentos!

T.: Amém, assim seja!

– Livrai, Senhor, vosso servo *N* (vossa serva *N*) como livrastes Moisés das mãos do Faraó!

T.: Amém, assim seja!

– Livrai, Senhor, vosso servo *N* (vossa serva *N*) como livrastes Daniel da cova dos leões!

T.: Amém, assim seja!

– Livrai, Senhor, vosso servo *N* (vossa serva *N*) como livrastes os três jovens da fornalha ardente e das mãos do rei injusto!

T.: Amém, assim seja!

– Livrai, Senhor, vosso servo *N* (vossa serva *N*) como livrastes Davi das mãos de Golias!

T.: Amém, assim seja!

– Livrai, Senhor, vosso servo *N* (vossa serva *N*) como livrastes Pedro e Paulo das correntes da prisão!

T.: Amém, assim seja!

– Livrai, Senhor, vosso servo *N* (vossa serva *N*) em nome de Jesus Cristo, nosso Salvador, que por nós sofreu amarga morte e ressuscitou para nos dar a vida eterna!

T.: Amém, assim seja!

Min.: Rezemos: Senhor, nosso Deus e Pai, em vossas mãos misericordiosas depositamos vosso servo e nosso irmão *N* (vossa serva e nossa irmã *N*). Sabemos que nossos pedidos e os méritos de nosso irmão (nossa irmã) não são suficientes para a salvação. Mas cremos no poder salvador de vosso Filho Jesus, que veio ao mundo para que ninguém se perca. Pela força do sangue redentor derramado na cruz, pedimos que recebais na glória eterna este nosso irmão *N* (esta nossa irmã *N*). Cremos na vida eterna! Cremos que a comunidade dos santos e santas é nosso lugar definitivo.

Pode-se cantar (Canto n. 17, p. 77, ou outro).

Min.: Depois de cada frase da Escritura, todos repetem: **Quer vivamos, quer morramos, pertencemos ao Senhor!**

– Diz o Senhor: "Eu vos bendigo, Pai, Senhor do céu e da terra, porque revelastes os mistérios do Reino dos Céus aos pequeninos!

T.: Quer vivamos, quer morramos, pertencemos ao Senhor!

– Deus amou tanto o mundo, que lhe deu seu Filho unigênito. Todo o que nele crer tem a vida eterna.

T.: Quer vivamos, quer morramos, pertencemos ao Senhor!

– Disse Jesus: "Esta é a vontade de meu Pai: que todo aquele que vê o Filho e acredita nele, tenha a vida eterna. Eu o ressuscitarei no último dia!"

T.: Quer vivamos, quer morramos, pertencemos ao Senhor!

– "Se vivemos com Cristo, com Cristo morreremos. Se morremos com Cristo, com ele ressuscitaremos. Se perseverarmos com Cristo, com ele reinaremos!"

T.: Quer vivamos, quer morramos, pertencemos ao Senhor!

– Escreveu São Paulo: Se cremos que Jesus Cristo morreu e ressuscitou, devemos também crer que Deus levará com Jesus aqueles que morreram unidos a ele.

T.: Quer vivamos, quer morramos, pertencemos ao Senhor!

– Escreveu São Paulo: "O Senhor Jesus transformará nosso corpo miserável e o tornará semelhante a seu corpo glorioso, em virtude do poder que ele tem de submeter a si todas as coisas, inclusive a própria morte".

T.: Quer vivamos, quer morramos, pertencemos ao Senhor!

– Felizes os mortos que morrem no Senhor! Eles repousam de seus trabalhos e suas boas obras os seguem.

T.: Quer vivamos, quer morramos, pertencemos ao Senhor!

Min.: Ó Deus, nosso Pai, sois a glória dos fiéis e a vida dos justos. Vós nos remistes pela morte e ressurreição de vosso Filho. Concedei a nosso irmão *N* (nossa irmã *N*) que, tendo professado o mistério de nossa ressurreição, mereça alegrar-se na eterna felicidade. Por Cristo nosso Senhor.

T.: Amém!

(Enquanto se reza o Pai-nosso e a Ave-Maria, pode-se aspergir novamente o corpo do defunto.
O ministro poderá fazer um comentário sobre alguma frase da Escritura lida antes ou ler esta reflexão:)

Reflexão

Na primeira frase que lemos, Jesus louva o Pai, Senhor do Céu e da Terra. Seja essa também nossa intenção neste momento, em que nos despedimos de nosso irmão *N* (nossa irmã *N*). Louvemos a Deus por todos os benefícios que, em vida, concedeu a nosso irmão *N* (nossa irmã *N*). Entre os benefícios devemos enumerar a própria vida, porque é Deus quem nos dá a vida; também a vida da fé, recebida no Batismo; também a vida divina que Deus partilha conosco, quando recebemos o Corpo e o Sangue do Senhor na Eucaristia, o Sacramento da Vida, porque a Comunhão é garantia de que a morte é apenas a porta da vida eterna.

[Agradecemos a Deus o dom da paternidade (da maternidade) de nosso irmão *N* (nossa irmã *N*). Ser pai (ser mãe) é uma forma maravilhosa de colaborar com o Deus da vida].

Agradeçamos também a Deus podermos, neste momento, diante do corpo de nosso irmão *N* (nossa irmã *N*), lembrar que, vivos ou mortos, pertencemos ao Senhor. Nós repetimos há pouco esta verdade consoladora: nós pertencemos ao Senhor, nós somos a família de Deus e temos Jesus como nosso irmão. A Sagrada Escritura nos lembrou há pouco que Deus nos deu Jesus como irmão e salvador, e que todos os que nele crerem terão a vida eterna.

É a vida eterna em Jesus Ressuscitado que nós desejamos a nosso irmão *N* (nossa irmã *N*). Como nos faz bem, neste momento de tristeza, recordar a afirmação de São Paulo: "Se vivemos com Cristo, com Cristo morreremos! Se morremos com Cristo, com ele ressuscitaremos! Se perseverarmos sempre com Cristo, com ele reinaremos".

Nós, os vivos da terra, perseveremos em Cristo! Nosso irmão *N* (nossa irmã *N*) e todos os nossos mortos reinem com Cristo na glória eterna, prometida por Deus e garantida por Jesus! Amém.

Canto final (pode ser o n. 1, p. 69, ou outro).

Min.: Que o Deus da vida, que recebeu nosso irmão (nossa irmã) na glória eterna, acompanhe-nos em nossa vida terrena e nos abençoe: Em nome do Pai e do Filho e do Espírito Santo. Amém!

Exéquias

(Esquema 5)

Ministro: Em nome do Pai e do Filho e do Espírito Santo.

Todos: Amém!

Min.: Ao longo de nossa vida, fizemos centenas e centenas de vezes o sinal da cruz. Muitos o fazem ao se levantar e ao se deitar. Muitos o fazem ao sair de casa e ao entrar em casa. São muitas as pessoas que se benzem ao começar uma viagem ou o trabalho do dia. Todos fazemos o sinal da cruz na porta da igreja e ao começar qualquer cerimônia religiosa. Também agora, diante da morte, fizemos o sinal da cruz, distintivo do cristão. A morte e a cruz têm muito a ver uma com a outra. Foi na cruz que Jesus venceu a morte e nos garantiu a vida eterna. Da cruz pendeu, portanto, nossa salvação. Por isso, a cruz preside também este nosso momento de dor e vai presidir a sepultura de nosso irmão *N* (nossa irmã *N*). A morte é o momento máximo da cruz que carregamos durante nossa vida, atrás de Jesus. Agora, a morte e a cruz se unem para o grande salto desta vida terrena e necessariamente passageira, para a vida em Deus, necessariamente eterna.

Diante da morte professamos nossa fé na ressurreição. Que o Cristo ressuscitado nos acompanhe neste momento em que, reunidos e comovidos, encomendamos a Deus, nossa origem e nosso destino, a alma de nosso irmão *N* (nossa irmã *N*).
T.: Bendito seja Deus, que nos reuniu no amor de Cristo!

Min.: Senhor Deus, vós que sois justo e misericordioso, ouvi nossa prece: acolhei na alegria eterna nosso irmão *N* (nossa irmã *N*), criado(a) por vós à vossa imagem e semelhança, adotado(a) por vós como filho (como filha) no batismo. Recebei-o(a), porque ele(ela) vos pertence. Recebei-o(a), porque ele(ela) partiu para vós alimentado(a) pelo Corpo e Sangue de vosso Filho, garantia plena de vida eterna.

(Pode-se aspergir o corpo do defunto, enquanto se canta, canto n. 6, p. 71, ou outro.)

Min.: Ouçamos agora um trecho da primeira carta de São Paulo aos Coríntios (15,51-57):
Leitor: "Quero revelar-vos um mistério. Nem todos morreremos. Mas todos seremos transformados, num momento, num abrir e fechar de olhos. Os mortos ressuscitarão incorruptíveis, e nós seremos transformados. É necessário que este corpo corruptível se revista de incorruptibilidade e que este corpo mortal se revista de imortalidade. Quando este corpo mortal estiver revestido da imortalidade, então se cumprirá

a palavra da Escritura: "A morte foi tragada pela vitória" (Is 25,8). Onde está, ó morte, tua vitória? Onde está, ó morte, teu aguilhão? (cf. Os 13,14). Graças sejam dadas a Deus, que nos dá a vitória por nosso Senhor Jesus Cristo.

– Palavra do Senhor!

T.: Graças a Deus!

(O Ministro poderá fazer uma breve alocução sobre este texto ou ler a seguinte reflexão:)

Reflexão

São Paulo chama a morte e a ressurreição de mistério. Em nossa vida há muitos mistérios. Mistério é uma verdade que está acima de nossa inteligência e de nossa compreensão. Acima, não contra. Nenhuma inteligência humana pode compreender a encarnação de Jesus, Filho de Deus, no seio de Maria. Ninguém compreende como Jesus, morto na Cruz, ressuscitou na manhã de Páscoa. É um mistério. Não compreendemos, mas cremos, confiados nas próprias palavras de Jesus: "Devo morrer, mas vou ressuscitar ao terceiro dia" (Lc 9,22).

Na parábola do Bom Pastor, Jesus afirmou: "Tenho o poder de dar a vida e tenho o poder de a retomar" (Jo 10,18). É na fé da palavra de Jesus que cremos na ressurreição dele e, por causa da ressurreição dele, cremos em nossa ressurreição. São Paulo repete na leitura que fizemos: "Os mortos ressuscitarão incorruptíveis e serão transformados". O corpo morto, corruptível, nós o temos diante de nós. Mas o mistério começa quando nossa fé nos diz que a morte não é o fim da criatura humana, mas uma passagem para a eternidade. Nossas lágrimas diante da morte limpam os olhos de nossa fé para vermos com mais clareza e consolo a eternidade. Deixemos entrar novamente em nosso coração a frase de São Paulo, que lemos há pouco: "É preciso que este nosso corpo mortal se revista da imortalidade". Foi isso que aconteceu com nosso irmão *N* (nossa irmã *N*). Por isso, mudemos a pergunta que costumeiramente fazemos diante da morte de uma pessoa que era querida: "Por que Deus levou N?" Mudemos essa pergunta por um grande agradecimento a Deus pela graça da vida

eterna que hoje ele concedeu a nosso irmão (nossa irmã).
E, como São Paulo, digamos: "Graças sejam dadas a Deus que deu a nosso irmão *N* (nossa irmã *N*) a vitória final. Amém.

Min.: Rezemos por nosso irmão *N* (nossa irmã *N*) ao Senhor Jesus Cristo, que disse: "Eu sou a ressurreição e a vida, quem crê em mim, ainda que esteja morto, viverá. E todo aquele que vive e crê em mim não morrerá". Nossa resposta será sempre: **Senhor, escutai nossa prece!**

– Por nosso irmão *N* (nossa irmã *N*), que nos precedeu na vida eterna, para que seja recebido na casa do Pai, rezemos ao Senhor!
T.: Senhor, escutai nossa prece!
– A fim de que nosso irmão *N* (nossa irmã *N*), que acreditou em Cristo e se alimentou com o pão da vida, possa, pela mão de Jesus, ser introduzido na glória eterna, rezemos ao Senhor!
T.: Senhor, escutai nossa prece!
– Por todos os parentes de nosso irmão (nossa irmã) falecido (a), para que em sua dor sejam confortados pela fé e pela esperança em Cristo, rezemos ao Senhor!
T.: Senhor, escutai nossa prece!

– Por todos nós aqui presentes, que nos reunimos na mesma fé e devoção que nosso irmão *N* (nossa irmã *N*) professava, para que cresçamos na esperança de um dia nos encontrarmos juntos na glória do céu, rezemos ao Senhor!

T.: Senhor, escutai nossa prece!

– Para que nunca esqueçamos que é do sofrimento da Cruz que nos vem a alegria da glória eterna, rezemos ao Senhor!

T.: Senhor, escutai nossa prece!

Min.: Ó Deus, nosso Pai, a vossas mãos confiamos nosso irmão *N* (nossa irmã *N*). Acolhei-o (a) em vossa paz e cobri-o (a) com vossa misericórdia. Venham-lhe ao encontro Maria, nossa Mãe, que no Calvário acolheu Jesus morto em seus braços e o abraçou ressuscitado na manhã de Páscoa. Venham-lhe ao encontro os anjos e santos, que vos cercam gloriosos no céu. Amém!

(O Ministro pode aspergir novamente o corpo do defunto, enquanto se reza o Pai-nosso. E termina convidando para o canto n. 3, p. 70, ou outro.)

Min.: Que Deus cubra de luz divina nosso irmão *N* (nossa irmã *N*) e a nós, que continuamos a vida terrena, acompanhe-nos a bênção de Deus Onipotente: do Pai e do Filho e do Espírito Santo. Amém.

Exéquias

(Esquema 6)

Ministro: Em nome do Pai e do Filho e do Espírito Santo!

Todos: Amém!

Min.: O Deus de toda consolação e paz esteja convosco!

T.: Bendito seja Deus para sempre!

Min.: Estamos reunidos para nos despedir de nosso irmão *N* (nossa irmã *N*). É a amizade que nos reúne aqui. É a fé que nos leva a rezar por nosso irmão (nossa irmã). É a certeza de que *N* não morreu para sempre, por isso nossa oração pode ajudá-lo (la). Para os que creem a vida não é tirada, mas transformada. Viemos de Deus e para Deus necessariamente voltamos. E o retorno passa pela morte. Ninguém de nós gosta da morte. Mas ela é nossa benfeitora, porque nos joga para dentro da eternidade de Deus. Não há outra porta para a vida eterna. Peçamos a Deus que nos ajude, enquanto velamos nosso irmão *N* (nossa irmã *N*) a compreender nosso destino eterno. Jesus disse: "Em verdade, em verdade vos digo: os mortos ouvirão a voz do Filho de Deus, e ao ouvirem a voz do Filho de Deus, viverão" (cf. *Jo* 11,26). Todos, por favor, repitam depois de cada verso da Sagrada Escritura: **Cremos, Senhor, mas aumentai nossa fé!**

Min.: Jesus disse: "Quem crê em mim jamais morrerá" (cf. *Jo* 11,26).

T.: Cremos, Senhor, mas aumentai nossa fé!

Min.: Jesus disse: "Quem come a minha carne e bebe o meu sangue tem a vida eterna e eu o ressuscitarei no último dia" (*Jo* 6,54).

T.: Cremos, Senhor, mas aumentai nossa fé!

Min.: Jesus disse: "Vinde, benditos de meu Pai, tomai posse do reino que preparei para vós!" (*Mt* 25,34).

T.: Cremos, Senhor, mas aumentai nossa fé!

Min.: Jesus disse: "Vou preparar um lugar para vós e vos receberei na minha casa!" (*Jo* 14,23).

T.: Cremos, Senhor, mas aumentai nossa fé!

Min.: Senhor, nós vos recomendamos vosso servo *N* (vossa serva *N*) e vos suplicamos, pelos méritos de vosso Filho Jesus, morto e ressuscitado, que vos digneis receber na alegria do vosso Reino este nosso irmão (esta nossa irmã). A vinda de vosso Filho Jesus ao mundo foi um gesto imenso de vossa misericórdia. Com outro gesto misericordioso, acolhei agora este nosso irmão *N* (esta nossa irmã *N*), que partiu da terra para morar junto de vós. Purificai-o (a), envolvei-o (a) com vossa santidade para que ele (ela) possa fazer parte da comunhão dos santos. Amém!

(Pode-se aspergir o corpo do defunto, enquanto se reza o Pai-nosso.)

Min.: Nosso Deus não é um deus de mortos, mas de vivos. Por isso ressuscitou seu Filho Jesus na manhã da Páscoa. E ressuscitará nosso corpo mortal, transformando-o em corpo glorioso, como o de Jesus. Peçamos, pelos méritos de Jesus Cristo ressuscitado, que nosso irmão *N* (nossa irmã *N*) seja introduzido (a) na glória eterna. Todos respondem: **Transformai, Senhor, as sombras da morte em aurora de vida!**

– Senhor, vós que chorastes a morte de Lázaro, dai a todos nós o consolo da certeza da ressurreição eterna!
T.: Transformai, Senhor, as sombras da morte em aurora de vida!

– Senhor, vós que sois a ressurreição e a vida, acolhei entre os santos (este nosso irmão *N* (esta nossa irmã *N*) que foi adotado(a) por vós no dia de seu Batismo!
T.: Transformai, Senhor, as sombras da morte em aurora de vida!
– Senhor, recompensai nosso irmão *N* (nossa irmã *N*) por todo o bem que fez na terra e introduzi-o (a) no vosso convívio no céu!
T.: Transformai, Senhor, as sombras da morte em aurora de vida!

– Senhor, Deus da esperança, aumentai em nós a fé enquanto vivemos, fortificai nossos laços da caridade, que nos levam a praticar as boas obras, que nos acompanham na hora em que passamos desta vida para a eternidade!

T.: Transformai, Senhor, as sombras da morte em aurora de vida!

Min.: Ó Deus, nosso Pai todo-poderoso, nós cremos que vosso Filho Jesus morreu e ressuscitou por nós. Concedei a este vosso servo *N* (vossa serva *N*), adormecido (a) em Cristo, e a todos os nossos irmãos e irmãs falecidos, ressuscitarem em Cristo para a vida eterna. Por Cristo nosso Senhor!

T.: Amém!

(Pode-se aspergir o corpo do defunto, enquanto todos rezam o Creio. O Ministro pode lembrar que no Credo professamos nossa fé na Ressurreição e na vida eterna.)

Min.: Ouçamos um trecho da primeira carta de São Paulo aos Tessalonicenses (*1Ts* 4,13-14; 5,8-11):

Leitor: Irmãos, não queremos que ignoreis coisa nenhuma sobre os mortos, para que não vos entristeçais como aqueles que não têm esperança. Se cremos que Jesus morreu e ressuscitou, cremos também que Deus levará com Jesus os que nele morrerem. Consolai-vos, portanto, uns aos outros, com esta verdade. E enquanto vivermos, sejamos sóbrios, revestidos da couraça da fé do amor, e do capacete da esperança na salvação. Deus não nos destinou à ira, mas à salvação por nosso Senhor Jesus Cristo, que morreu por nós a fim de que, vivos ou mortos, fiquemos sempre unidos a ele. Consolai-vos, portanto, mutuamente e animai-vos no Senhor!

– Palavra do Senhor!

T.: Graças a Deus!

O Ministro poderá fazer uma breve alocução ou ler esta reflexão:

Reflexão

Os cristãos têm uma certeza consoladora: a morte não é o fim da criatura humana. De onde vem essa certeza? Vem da certeza de que Jesus, que morreu no Calvário, ressuscitou na manhã de Páscoa. Essa certeza, aliás, é o fundamento de toda a fé cristã. São Paulo escreveu sobre a Ressurreição na carta aos Coríntios (*1Cor* 15-12-15) e disse: "Se Cristo não ressuscitou, nossa fé é vã", é vazia, é sem sentido. Os Apóstolos se apresentavam, depois da Páscoa, como "Testemunhas da Ressurreição de Cristo" (*At* 1,22).

Nós não somos testemunhas oculares, ou seja, não vimos com nossos olhos a ressurreição de

Jesus. Mas os que viram com seus olhos Jesus Ressuscitado nos garantem o milagre. É, sobretudo, diante de um morto, que ouvimos com mais força as palavras de São Paulo: "Consolai-vos uns aos outros, porque Cristo ressuscitou! Se cremos que Jesus morreu e ressuscitou, cremos também que Deus levará com Jesus os que nele morrerem".

Consolemo-nos, portanto, com esta verdade. Transformemos este momento de dor em um momento de fé em nosso destino eterno; em um momento de esperança na salvação prometida a nós por Deus e garantida pela morte e ressurreição de Jesus. Repito as palavras de São Paulo, lidas há pouco: "Deus nos destinou para a salvação em Jesus Cristo". Deus criou a cada um de nós. Deus acolhe a cada um de nós, por meio da morte. E a cada um de nós, que cremos nele como Criador e Pai, nos faz assentar – para usar uma expressão de Jesus – no banquete da vida eterna. Dentro de nós temos o desejo de não morrer, o desejo de viver para sempre. Na morte, Jesus nos diz: Este teu desejo é possível. Viverás para sempre. Não na pequenez deste mundo, mas no seio divino de Deus, de onde um dia saíste. Hoje, nós, os vivos, rezamos: Creio na vida eterna. E os mortos – e nosso irmão *N* (nossa irmã *N*) – nos dizem: Vocês creem sem ver, eu já não preciso mais de crer, porque estou vendo Deus face a face, estou na vida eterna com Deus. Amém.

(Pode-se cantar – canto n. 9, p. 73, ou outro)

Min.: Que nosso irmão *N* (nossa irmã *N*) descanse em Deus. De Deus receba a recompensa por todo o bem que fez durante a vida terrena. De Deus receba o perdão e a misericórdia pelos pecados que cometeu como criatura humana. A morte de *N* seja para nós uma lembrança viva de que nesta terra somos apenas passageiros, mas com um destino certo: viver para sempre com Deus, já que somos suas criaturas. Deus nos reúna um dia a todos na pátria celeste! E enquanto vivemos, permaneçamos unidos no amor e acompanhados da bênção de Deus, Pai e Filho e Espírito Santo. Amém!

Exéquias

(Esquema 7)

Para sepultamento de um jovem (uma jovem) morto (a) de forma violenta ou imprevista

Ministro: Em nome do Pai e do Filho e do Espírito Santo.

Todos: Amém!

Min.: Nossa primeira prece seja uma oração de confiança em Deus. Na hora da desgraça e da tristeza é que nossa confiança em Deus deve crescer e se fortificar. É na hora difícil que devemos dizer: "Eu confio em nosso Senhor, com fé, esperança e amor!" Nem sempre compreendemos os caminhos de Deus. Não compreendemos, por exemplo, por que deixou seu Filho Jesus passar pelo tormento e pela morte da Cruz. Talvez Jesus Crucificado, que entrega nas mãos do Pai seu destino, seja o melhor exemplo e a melhor força para nós neste momento. Quantas vezes cantamos em nossa Comunidade: "Se as águas do mar da vida quiserem te afogar, segura na mão de Deus e vai!/ Se as tristezas desta vida quiserem te sufocar,/ Segura na mão de Deus e vai!" Renovemos nossa confiança em Deus nosso Pai, rezando juntos a oração que o próprio Jesus nos ensinou: "Pai nosso, que estais nos céus..."

Min.: Muitos de nossos santos tiveram mais sofrimentos do que alegrias em sua vida. Bastaria lembrar Santa Rita de Cássia, que teve o marido assassinado; e, como se isso não fosse sofrimento bastante, teve os dois filhos também assassinados. Viúva, entrou para um mosteiro, pensando encontrar consolo e felicidade. Encontrou uma doença horrível, que a obrigou a viver separada das outras monjas. Como o Cristo na cruz, Rita encontrou no sofrimento e na dor o caminho da santidade e da glória. Hoje ela é invocada como protetora nas horas mais difíceis e das causas desesperadoras.

– Lembremos São Francisco de Assis, chamado o santo da alegria, o santo que cantava Deus presente em todas as criaturas. Depois de uma vida inteira dedicada a Deus, em oração e penitência, poderíamos esperar que tivesse uma morte serena. Mas não foi isso que aconteceu. Seus últimos dois anos de vida foram de muito sofrimento. Uma chaga se estendeu do olho à orelha. O médico teve que cauterizá-la com ferro em brasa. O estômago não funcionava. Nas mãos, nos pés, no lado trazia as chagas em carne viva de Jesus Crucificado. Já não conseguia andar. Sentia dores em seu corpo inteiro. E no auge do sofrimento rezava assim: "Altíssimo, Onipotente e Bom Senhor, teus são o louvor, a glória e a honra e toda a bênção".

– Rezemos (*ou cantemos*) juntos a Oração de São Francisco, conhecida como oração pela paz. E façamos dessa oração um pedido a Deus que nosso irmão *N* encontre a paz eterna e nós outros, que choramos sua morte, encontremos a pacificação de nosso coração e o aumento de nossa confiança no Senhor.

Senhor, fazei-me instrumento de vossa paz!
Onde houver ódio, **que eu leve o amor**.
Onde houver ofensa, **que eu leve o perdão**.
Onde houver discórdia, **que eu leve a união**.
Onde houver dúvidas, **que eu leve a fé**.
Onde houver erros, **que eu leve a verdade**.
Onde houver desespero, **que eu leve a esperança**.
Onde houver tristeza, **que eu leve a alegria**.
Onde houver trevas, **que eu leve a luz**.
Ó Mestre, fazei que eu procure mais consolar, que ser consolado.
Compreender, que ser compreendido. Amar, que ser amado.
Pois é dando que se recebe. É perdoando, que se é perdoado.
E é morrendo, que se vive para a vida eterna.

(O Ministro pode aspergir o corpo do defunto.)

Min.: Ouçamos um trecho do Profeta Isaías, que a Igreja lê no Sábado Santo à noite, enquanto espera a Ressurreição de Jesus (55,8-11):
Leitor: "Diz o Senhor: 'Meus pensamentos não são como vossos pensamentos. Vossos caminhos não são como meus caminhos. Meus caminhos estão tão acima de vossos caminhos

e meus pensamentos acima de vossos pensamentos, quanto está o céu acima da terra. Como a chuva e a neve descem do céu e para lá não voltam mais, mas vêm irrigar e fecundar a terra e fazê-la germinar e dar sementes para o plantio e para a alimentação, assim a palavra que sair de minha boca não voltará para mim vazia; antes, realizará tudo o que for de minha vontade e produzirá os efeitos que pretendi ao enviá-la'".

– Palavra do Senhor!

T.: Graças a Deus!

(O Ministro poderá fazer uma breve alocução, ou ler esta reflexão:)

Reflexão

Não é fácil esta hora. Porque está embebida de tristeza pela morte. Porque está carregada de decepção. A juventude é como uma árvore florida à espera dos frutos. Se a árvore for cortada perdemos a árvore, as flores e a esperança dos frutos. *N* se assemelha à árvore florida, violentamente arrancada da terra.

Se a certeza da morte é indiscutível, dói demais quando ela chega cedo e de improviso. No Evangelho, Jesus nos previne: "Vigiai, ficai atentos, porque não sabeis o dia em que a morte virá! Estai sempre preparados, porque na hora em que menos esperais, ela virá" (*Mt* 24,42).

A leitura que fizemos há pouco do Profeta Isaías, lembrava-nos que os caminhos de Deus não são nossos caminhos. Em outras palavras: os fatos da vida não acontecem sempre como nós planejamos e queremos. E vem a pergunta: "Onde ficou Deus, que tem o poder de impedir a morte?" De fato, Deus tem poder sobre a vida e a morte. Deu-nos gratuitamente a vida biológica, por meio do amor de nossos pais, e a entregou a nossos cuidados. Deu-nos a inteligência e a vontade para cuidar, proteger e cultivar a vida. Bendito seja Deus que, além de nos dar a vida, nos deu também os meios de protegê-la. Mas, sabendo que a vida biológica tem prazo para acabar, e que cada ser vivo tem seu prazo, e sabendo que a inteligência do homem é pequena para vencer a morte, entrou de novo na cena humana para garantir que a vida não acabe. Não mais a vida biológica, mas a eterna. Assim, seja qual for o modo pelo qual morremos, a vida não nos é tirada, mas transformada. Desfeita nossa vida terrena, nos é dada nos céus uma vida imperecível e feliz, que nenhum acidente, acaso ou violência pode perturbar. É então que sentimos a realidade da frase de Jesus, dita em sua despedida, pouco antes da morte violenta na cruz: "Vossa tristeza se transformará em alegria. Quando me virdes, vosso coração se alegrará e ninguém poderá vos tirar esta alegria" (*Jo* 16,20.22). Aconteça isso conosco, especialmente com os familiares de *N*. Passemos do Calvário à Páscoa. Passemos da tristeza à esperança. A Sagrada Escritura nos garante que a esperança não nos engana (*Rm* 5,5). Deus aceite nossas lágrimas pela morte inesperada de *N*. E as transforme em graça de vida eterna para *N* e em consolo para nós. Amém.

Min.: Senhor Deus, recebei nossa prece em favor de nosso irmão *N* (nossa irmã *N*). Vós sempre sois rico em misericórdia para com todas as criaturas. Concedei vossa misericordiosa graça a nosso irmão *N* (nossa irmã *N*), por quem o Senhor Jesus derramou seu sangue na Cruz. Cremos que o Sangue de Jesus derramado na cruz tem a força de perdoar todos os pecados e de abrir as portas da eternidade. Perdoai os pecados de nosso irmão *N* (nossa irmã *N*) e concedei-lhe, pelos méritos de Jesus, nosso Salvador, a vida eterna. Amém.

Preces: Todos respondem: **Senhor, escutai nossa prece!**

– Senhor, que não quereis que permaneçamos na morte, dai a todos os que morreram a participação em vossa glória eterna. Rezemos:

– Senhor, que não sois um Deus de mortos, mas de vivos, aumentai nossa esperança de vida eterna. Rezemos:

– Senhor, toda a vida vem de vós e para vós deve voltar. Fazei que nunca percamos o caminho que nos leva de volta para a vossa casa, que também é nossa casa. Rezemos:

– Senhor, criastes para nós o céu e a terra. Quando terminar nosso tempo na terra, concedei-nos viver convosco no céu. Rezemos:

Min.: Senhor, vosso filho (vossa filha) *N* foi criado (a) a vossa imagem e semelhança e foi por vós adotado (a) por filho (a), quando foi batizado (a). Sede agora para com ele (ela) pai misericordioso e acolhei-o (a) entre vossos santos. Por Cristo nosso Senhor. Amém.

(Pode-se aspergir mais uma vez o corpo do defunto. E concluir a encomendação com a bênção:)

Min.: Deus abençoe todos os que vieram rezar por *N*. Deus nos guarde sempre em seu amor em sua amizade! Ele volte seu rosto para nós e nos conceda sua paz! Ele esteja diante de nós para iluminar nossos passos. Esteja atrás de nós para perdoar nossas fraquezas. Esteja sempre conosco para que nós possamos estar sempre com ele. Amém.

(Sugere-se terminar a encomendação com o canto n. 1, p. 69, ou outro.)

Exéquias

(Esquema 8)

Para sepultamento de crianças

Ministro: Em nome do Pai e do Filho e do Espírito Santo.

Todos: Amém!

Min.: O Deus de toda consolação esteja convosco!

T.: Ele está no meio de nós!

Min.: O começo e o fim da vida é um mistério para nós. Nossa inteligência é pequena demais para acolher e amar as decisões de Deus. Sabemos que para Deus não existe o tempo, por isso para ele não conta a idade dos que ele chama para a eternidade. Sabemos também que todas as criaturas são dele e ele pode dispor delas sem nos dar satisfação. Jesus ensinou que todas as criaturas humanas nascem por vontade de Deus e morrem para retornar a ele na eternidade.

Sabemos que a única porta para retornar a Deus é a morte. Mas sabemos que esta porta nos dá medo e dor, mesmo que a fé cristã nos ensine que, destruída a morada terrena, nos é garantida uma morada eterna (*2Cor* 5,1). Jesus disse: "Onde eu estiver, quero que estejais vós também" (*Jo* 14,4). "E, então, vosso coração, que agora está triste, se alegrará e ninguém mais vos tirará a alegria" (*Jo* 16,22). Rezemos juntos: **Pai nosso, que estais no céu, santificado...**

Min.: Senhor Deus, nosso Pai, aceitai o sofrimento de nossa dor e de nosso coração ferido, como aceitastes o sofrimento e a morte de Jesus na cruz. Não entendemos a morte de Jesus na Cruz, como não entendemos a morte de *NN.* Ajudai-nos, Pai, a aceitar essa cruz do sofrimento. Maria, Mãe das Dores, nossa Mãe, olhai e rogai por nós! Fazei-nos fortes na dor, como vós fostes forte ao receber nos braços vosso filho Jesus, morto na cruz. E assim como passastes do Calvário para a manhã de Páscoa, assim também fazei que encontremos consolo na ressurreição, que permitirá nos reencontrar todos juntos na glória de Deus. Rezemos juntos a oração que nos lembra que esta vida terrena é um vale de lágrimas, mas não é nossa casa definitiva. Porque viemos do céu e ao céu retornamos:

Salve, Rainha, Mãe de Misericórdia, vida, doçura, esperança nossa, salve! A vós bradamos os degredados filhos de Eva. A vós suspiramos, gemendo e chorando neste vale de lágrimas. Eia, pois, Advogada nossa, esses vossos olhos misericordiosos a nós volvei. E depois deste desterro, mostrai-nos Jesus, bendito fruto de vosso ventre. Ó clemente, ó piedosa, ó doce sempre Virgem Maria. Rogai por nós, Santa Mãe de Deus, para que sejamos dignos das promessas de Cristo!

Min.: Escutemos um trecho do evangelho de Jesus Cristo, segundo Lucas (18,15-18):

Leitor: "Alguns traziam a Jesus crianças de colo, para que ele as acariciasse e abençoasse. Os discípulos queriam impedir as mães de se aproximar de Jesus. Jesus disse em voz alta: 'Deixai as crianças virem a mim! Não as impeçais! Porque o Reino de Deus é daqueles que são como crianças. Eu vos garanto: quem não receber o Reino de Deus como uma criança, jamais nele entrará!"

– Palavra da salvação!

T.: Glória a vós, Senhor.

(O Ministro poderá fazer breve alocução a partir destas palavras do Evangelho, ou ler a seguinte reflexão:)

Reflexão

"Deixai vir a mim as criancinhas". A fé nos diz que *N* foi para junto de Jesus. Foi e está sendo acariciado e abençoado por Jesus.

Se dependesse de nós, ele (ela) não estaria lá, mas estaria cá, conosco, em nosso meio. Queremos repetir a frase de Jesus, dita no Jardim das Oliveiras, quando ele pressentiu que era chegada a hora de morrer: "Pai não se faça a minha vontade, mas a tua" (*Lc* 22,42). Queremos repetir o que sempre dissemos na oração do Pai-nosso: "Seja feita a vossa vontade na terra e no céu (*Mt* 6,10), ou seja, nos momentos de alegria e nos momentos de dor, nos momentos de luz, em que compreendemos o que acontece, e nos momentos de escuridão, quando não compreendemos o que acontece.

Este é um momento de tristeza. Mas queremos crer na promessa de Jesus: "Vossa tristeza se transformará em alegria" (*Jo* 16,20). Logo depois de Jesus fazer essa promessa, ele lembrou a dor do parto, que se transforma em alegria, quando a criança nasce. Nós sabemos que a morte é o parto da eternidade. Podemos fixar os olhos do coração na morte e ver a morte como um fim de vida, um fim de estrada. Mas podemos também, e nisto a fé nos ajuda muito, fixar os olhos do coração no que vem depois da porta da morte: a longa estrada da vida com Deus.

Deixemos nossos ouvidos, sobretudo os ouvidos do coração, escutar a voz de Jesus: "Deixai as criancinhas virem a mim, porque delas é o Reino de Deus" (*Lc* 18,16). E tenhamos a certeza de que, se a porta da morte se fechou para a vida terrena de *N*, ela se abriu para a vida que a nossa fé chama de vida sem-fim, vida eterna, vida com Deus.

Termino com uma estrofe de um famoso poema de Santa Teresa d'Ávila:

Nada te perturbe!
Nada te espante!
Tudo passa!
Só Deus não muda!
Quem a Deus tem,
mesmo que atravesse momentos difíceis,
sendo Deus o seu tesouro,
nada lhe falta. Amém!

(Pode-se cantar, se for oportuno, o canto n. 1, p. 69, ou outro.)

Min.: Vou lembrar algumas frases da Sagrada Escritura. Depois de cada frase, todos podem dizer em voz alta: **Creio, Senhor, mas aumentai a minha fé!**

– Do Salmo 8,2: "O perfeito louvor vos é dado pelos lábios dos mais pequeninos, de crianças que a mãe amamenta".

T.: Creio, Senhor, mas aumentai a minha fé!

– Do Salmo 24,25: Mostra-me, Senhor, teus caminhos! Ensina--me a estrada por onde devo caminhar!"

T.: Creio, Senhor, mas aumentai a minha fé!

– Do livro de Jó 1,21: "Nu saí do ventre de minha mãe. O Senhor deu, o Senhor tirou. Bendito seja o nome do Senhor!"

T.: Creio, Senhor, mas aumentai a minha fé!

– Do profeta Isaías 49,15: "Pode uma mãe esquecer seu filhinho, deixar de querer bem ao filho de suas entranhas? Mesmo que uma mãe esquecesse, eu não te esqueceria. Estás escrito na palma de minha mão!"

T.: Creio, Senhor, mas aumentai a minha fé!

– Do profeta Isaías 55,8: "Diz o Senhor: Os meus pensamentos não são os vossos pensamentos e os vossos caminhos não são os meus caminhos".

T.: Creio, Senhor, mas aumentai a minha fé!

– Do evangelho de Mateus 18,1.4: "Os discípulos perguntaram a Jesus quem seria o maior no Reino dos Céus. Jesus respondeu: Quem se fizer pequeno como uma criança será o maior no Reino dos Céus".

T.: Creio, Senhor, mas aumentai a minha fé!

Min.: Senhor Deus, nós vos bendizemos pela curta vida terrena de *N.* Ele (ela) viveu entre nós enquanto vós quisestes. Cremos que ele (ela) agora está feliz junto de vós. Cremos que um dia estaremos todos junto de vós, porque vós sois um Deus Vivente, um Deus de vivos. Que a nossa dor pela partida de *N* fortifique nossa fé na vida eterna, aumente nossa esperança na ressurreição. Que vossa bênção de Pai desça sobre nós, suavize nossa dor e mantenha nossas famílias unidas no amor e nos conserve na certeza de que Jesus estava, está e estará no meio de nós. Em nome do Pai e do Filho e do Espírito Santo!

T.: Amém!

Cantos

1. A vida pra quem acredita

1. A vida pra quem acredita/ não é passageira ilusão./ E a morte se torna bendita,/ porque é nossa libertação.

Nós cremos na vida eterna/ e na feliz ressurreição!/ Quando de volta à casa paterna,/ com o Pai os filhos se encontrarão.

2. No céu não haverá tristeza,/ doença nem sombra de dor!/ E o prêmio da fé é a certeza/ de viver feliz com o Senhor.

3. O Cristo será, neste dia,/ a luz que há de em todos brilhar!/ A ele imortal melodia/ os eleitos hão de então entoar.

2. Ausência (Salmo 41)

1. Por que chorar, meu coração,/ por que chorar, sem ter razão!/ Confia em Deus, que é Pastor!/ Confia em Deus, que é Senhor!

2. Tem muita sede a minha alma,/ sede de Deus, o Deus vivo!/ Quando irei ver tua face,/ meu Deus e meu Senhor?

3. Saudade tem minha alma/ ao recordar por onde andei,/ ao ver meu povo tão longe,/ meu Deus e meu Senhor!

Meu alimento é meu pranto!/ Vivo a chorar de dia e de noite./ Dizem ainda: onde está Deus?/ Meu Deus e meu Senhor!

3. Com minha Mãe estarei

1. Com minha Mãe estarei/ na santa glória um dia!/ Junto à Virgem Maria,/ no céu triunfarei!

Refrão: **No céu, no céu,/ com minha Mãe estarei** (bis).

2. Com minha Mãe estarei/ e os anjos me ajudando,/ do Onipotente ao mando/ hosanas lhe darei!

3. Com minha Mãe estarei/ mas já que hei ofendido/ ao seu Jesus querido/ as culpas chorarei!

4. Cristo, quero ser

1. Cristo, quero ser instrumento de tua paz e do teu infinito amor! Onde houver ódio e rancor, que eu leve a concórdia, que eu leve o amor.

Onde há ofensa que dói, que eu leve o perdão! Onde houver a discórdia, que eu leve a união e tua paz.

2. Mesmo que haja um só coração que duvide do bem, do amor e do céu, quero com firmeza anunciar a Palavra que traz a clareza da fé!

3. Onde houver erro, Senhor, que eu leve a verdade, fruto de tua luz! Onde encontrar desespero, que eu leve a esperança do teu nome, Jesus!

4. Onde eu encontrar um irmão a chorar de tristeza, sem ter voz e nem vez, quero bem no seu coração semear a alegria, pra florir gratidão.

5. Mestre, que eu saiba amar, compreender, consolar e dar sem receber! Quero sempre mais perdoar, trabalhar na conquista e vitória da paz.

5. Envia tua Palavra

Envia tua Palavra,/ Palavra de salvação, que vem trazer esperança,/ aos pobre libertação.

Tua Palavra de vida/ é como a chuva que cai,/ que torna o solo fecundo/ e faz nascer a semente!/ É água viva da fonte,/ que faz florir o deserto!/ É uma luz no horizonte!/ É novo caminho aberto!

6. Estás entre nós

1. Tu és minha vida, outro Deus não há!/ Tu és minha estrada, a minha verdade!/ Em tua Palavra eu caminharei./ Enquanto eu viver e até quando tu quiseres!/ Já não sentirei temor, pois estás aqui!/ Tu estás no meio de nós.

2. Creio em ti, Senhor, filho de Maria,/ Filho eterno e santo, homem como nós!/ Tu morreste por amor, vivo estás em nós!/ Unidade trina com o Espírito e o Pai!/ E um dia eu bem sei: tu retornarás/ e abrirás o Reino do Céu.

3. Tu és minha força! Outro Deus não há!/ Tu és minha paz, minha liberdade!/ Nada nesta vida nos separará!/ Em tuas mãos seguras minha vida guardarás!/ Eu não temerei o mal! Tu me livrarás!/ E no teu perdão viverei.

7. Eu vim para que todos tenham vida

Eu vim para que todos tenham vida,/ que todos tenham vida plenamente.

1. Reconstrói a tua vida em comunhão com teu Senhor;/ reconstrói a tua vida em comunhão com teu irmão:/ Onde está o teu irmão, eu estou presente nele.

2. "Eu passei fazendo o bem. Eu curei todos os males."/ Hoje és minha presença junto a todo sofredor./ Onde sofre o teu irmão, eu estou sofrendo nele.
3. "Vim buscar e vim salvar o que estava já perdido."/ Busca, salva e reconduze a quem perdeu toda a esperança./ Onde salvas teu irmão, tu me estás salvando nele.

8. O Senhor é meu Pastor

1. Pelos prados e campinas verdejantes, eu vou!/ É o Senhor que me leva a descansar!
Junto às fontes de águas puras, repousantes, eu vou!/ Minhas forças o Senhor vai animar!
Tu és, Senhor, o meu Pastor! Por isso nada em minha vida faltará!
2. Nos caminhos mais seguros junto dele, eu vou e pra sempre o seu nome eu honrarei./ Se eu encontro mil abismos nos caminhos eu vou, segurança sempre tenho em suas mãos.
3. No banquete em sua casa, muito alegre, eu vou! Um lugar em sua mesa me preparou!/ Ele unge minha fronte e me faz ser feliz! E transborda a minha taça em seu amor.
4. Com alegria e esperança, caminhando eu vou, minha vida está sempre em suas mãos!/ E na casa do Senhor eu irei habitar e este canto para sempre irei cantar.

9. Porque ele vive

1. Deus enviou seu Filho amado/ para morrer no meu lugar./ Na Cruz pagou os meus pecados,/ mas o sepulcro vazio está, porque ele vive!

2. Porque ele vive, eu posso crer no amanhã!/ Porque ele vive, temor não há!/ Mas eu bem sei que o meu futuro/ está nas mãos do meu Jesus, que vivo está!

3. Um dia eu vou cruzar os rios/ e verei então um céu de luz!/ E verei de lá, em plena glória,/ que, vitorioso, vive e reina o meu Jesus!

10. Porque és, Senhor o Caminho

1. Porque és, Senhor o Caminho,/ que devemos nós seguir:/ **nós te damos hoje e sempre,/ toda glória e louvor.**

2. Porque és, Senhor, a Verdade,/ que devemos aceitar.

3. Porque és, Senhor, plena Vida,/ Que devemos nós viver:

11. Quão grande és tu!

1. Senhor, meu Deus, quando eu maravilhado/ fico a pensar nas obras de tuas mãos,/ no céu azul, de estrelas pontilhado, o teu poder mostrando a criação:

Então, minha alma canta a ti, Senhor! Quão grande és tu! Quão grande és tu! (bis).

2. Quando eu medito em teu amor tão grande/ teu Filho dando ao mundo p'ra salvar,/ na cruz vertendo o seu precioso sangue, minha alma pode assim purificar:

3. Quando enfim, Jesus vier em glória/ e ao lar celeste então me transportar,/ te adorarei, prostrado e para sempre, quão grande és tu, meu Deus hei de cantar:

12. Se as águas do mar da vida

1. Se as águas do mar da vida quiserem te afogar,/ segura na mão de Deus e vai.
Se as tristezas desta vida quiserem te sufocar,/ segura na mão de Deus e vai.
Segura na mão de Deus:/ pois ela, ela te sustentará. Não temas, segue adiante,/ e não olhes para trás. Segura na mão de Deus e vai.
2. Se a jornada é pesada e te cansas na caminhada,/ segura na mão de Deus e vai.
Orando, jejuando, confiando e confessando,/ segura na mão de Deus e vai.
3. O Espírito do Senhor sempre te revestirá,/ segura na mão de Deus e vai.
Jesus Cristo prometeu que jamais te deixará,/ segura na mão de Deus e vai.

13. Sede de Deus (Salmo 41)

A minha alma tem sede de Deus/ pelo Deus vivo anseia com ardor:/ Quando irei ao encontro de Deus,/ e verei tua face, Senhor?

1.A ovelha sedenta procura o riacho, a minh'alma suspira por Deus, onde o acho?
2. Pelas águas que correm suspira a ovelha, pelas fontes de Deus a minh'alma anseia.
3. Dor e lágrimas são meus constantes alimentos, 'onde está o teu Deus' dizem os maus e aguento.
4. Por que estás abatida e confusa, minh'alma? Deus é teu companheiro, espera e te acalma!

14. Senhor, fazei-me

Senhor, fazei-me instrumento de vossa paz!

Onde houver ódio, **que eu leve o amor**.

Onde houver ofensa, **que eu leve o perdão**.

Onde houver discórdia, **que eu leve a união**.

Onde houver dúvidas, **que eu leve a fé**.

Onde houver erros, **que eu leve a verdade**.

Onde houver desespero, **que eu leve a esperança**.

Onde houver tristeza, **que eu leve a alegria**.

Onde houver trevas, **que eu leve a luz**.

Ó Mestre, fazei que eu procure mais consolar, que ser consolado.

Compreender, que ser compreendido. Amar, que ser amado.

Pois é dando que se recebe. É perdoando, que se é perdoado.

E é morrendo, que se vive para a vida eterna.

15. Senhor quem entrará

1. Senhor, quem entrará, no santuário pra te louvar?/ Quem tem as mãos limpas e o coração puro,/ quem não é vaidoso e sabe amar.

2. Senhor, eu quero entrar no santuário pra te louvar./ Oh, dá-me mãos limpas e um coração puro!/ arranca a vaidade e ensina-me a amar.

3. Senhor, já posso entrar no santuário pra te louvar!/ Teu sangue me lava, teu fogo me queima,/ o Espírito Santo inunda meu ser.

16. Tu te abeiraste

1. Tu te abeiraste da praia, não buscaste nem sábios nem ricos, somente queres que eu te siga.

Senhor, tu me olhaste nos olhos. A sorrir, pronunciaste meu nome. Lá na praia, eu larguei o meu barco. Junto a ti buscarei outro mar.

2. Tu sabes bem que em meu barco, eu não tenho nem ouro nem espadas, somente redes e o meu trabalho.

3. Tu minhas mãos solicitas, meu cansaço que a outros descanse. Amor que almeja seguir amando.

4. Tu pescador de outros lagos, ânsia eterna de almas que esperam, bondoso amigo que assim me chamas.

17. Vós sois o Caminho

Vós sois o Caminho, a Verdade e a Vida/ O pão da alegria descido do céu!

Nós somos caminheiros, que marcham para os céus!/ Jesus é o Caminho, que nos conduz a Deus! Jesus, Verdade e Vida, Caminho que conduz/ As almas peregrinas, que marcham para a luz.

Algumas orações

Creio em Deus Pai todo-poderoso,/ criador do céu e da terra/ e em Jesus Cristo, seu único Filho, nosso Senhor,/ que foi concebido pelo poder do Espírito Santo,/ nasceu da Virgem Maria,/ padeceu sob Pôncio Pilatos,/ foi crucificado, morto e sepultado,/ desceu à mansão dos mortos,/ ressuscitou ao terceiro dia,/ subiu aos céus,/ está sentado à direita de Deus Pai todo-poderoso,/ donde há de vir julgar os vivos e os mortos./ Creio no Espírito Santo,/ na santa Igreja Católica,/ na comunhão dos santos,/ na remissão dos pecados,/ na ressurreição da carne,/ na vida eterna. Amém.

Ressurreição e vida nossa,/ Cristo esperança do perdão,/ quando nos fere a dor da morte,/ a vós se volta o coração.
Também na cruz a grande angústia/ da morte humana vós provastes,/ quando, inclinando a vossa fronte,/ ao Pai o espírito entregastes.
Ó Bom Pastor, em vossos ombros/ vós carregastes vossa dor./ Destes a nós morrer convosco,/ do Pai no seio acolhedor.

Braços abertos, vós pendestes,/ e vosso peito transpassado/ atrai a si os que carregam/ da morte o fardo tão pesado. Quebrando as portas dos infernos,/ do céu o Reino nos abris,/ dai força agora aos sofredores,/ dai-lhes, enfim, vida feliz. Os nossos irmãos, que nos seus corpos/ dormem na paz do vosso amor,/ por vós estejam vigilantes/ para entoar vosso louvor. Amém.

Ó Deus, nosso Pai, fizestes vosso Filho único vencer a morte e subir ao céu. Concedei a vossos filhos e vossas filhas superar a mortalidade desta vida e contemplar eternamente a vós, Criador e Redentor de todos. Isso vos pedimos por Jesus, vosso Filho e nosso Senhor. Amém.

Senhor Jesus, vós chorastes diante da notícia da morte do vosso amigo Lázaro. Compreendeis, então, minha dor. Meu coração está muito dolorido. Vossos olhos também derramaram lágrimas amargas diante da morte. Dai-me um pouco da força que tivestes na Cruz, quando entregastes vossa vida nas mãos do Pai do Céu. Consolai a minha dor com aquelas palavras que dissestes a Marta: "Teu irmão ressuscitará!" Creio na ressurreição, mas dai-me os olhos da fé. Creio na ressurreição, mas aumentai minha esperança. Creio da ressurreição, mas confirmai a certeza de que a porta da morte se abre para a vida eterna. Obrigado, Jesus, por terdes aberto a porta para N e tê-lo(a) levado ao encontro do Pai. Amém.

Senhor Jesus, vós dissestes: "Vou preparar um lugar para vós, porque quero que onde eu estiver, vós estejais comigo". Vós estais junto do Pai e sois o caminho que une o céu e a terra. Viestes ao mundo para nos garantir que esse caminho existe. Esse caminho para a eternidade é um mistério para nós. Mas cremos, porque vós dissestes. E sabemos que, para alcançá-lo, devemos passar pela porta da morte. A morte, então, não é maldição, mas bênção, porque ela nos abre para o encontro convosco, nosso único caminho para a Casa do Pai. Concedei-me a esperança firme de um dia passar feliz a porta da morte e me encontrar convosco, e por vossa mão ser levado ao Pai do Céu, onde quero reencontrar todos os meus irmãos e irmãs mortos na terra e gloriosos na vida eterna. Amém.

Altíssimo, onipotente, bom Senhor, teus são o louvor, a glória, a honra e toda a bênção! Só a ti Altíssimo, são devidos; e homem algum é digno de te mencionar.
Louvado sejas, meu Senhor, com todas as tuas criaturas, especialmente o Senhor irmão Sol, que clareia o dia e com sua luz nos alumia. E ele é belo e radiante com grande esplendor. De ti, Altíssimo, é a imagem.
Louvado sejas, meu Senhor, pela irmã Lua e as Estrelas, que no céu formaste claras e preciosas e belas.
Louvado sejas, meu Senhor, pelo irmão Vento, pelo ar, ou nublado ou sereno, e todo o tempo, pelo qual às tuas criaturas dás sustento.

Louvado sejas, meu Senhor pela irmã Água, que é mui útil e humilde e preciosa e casta.
Louvado sejas, meu Senhor, pelo irmão Fogo, pelo qual iluminas a noite. E ele é belo e jucundo e vigoroso e forte.
Louvado sejas, meu Senhor, por nossa irmã a mãe Terra, que nos sustenta e governa, e produz frutos diversos e coloridas flores e ervas.
Louvado sejas, meu Senhor, pelos que perdoam por teu amor, e suportam enfermidades e tribulações. Bem-aventurados os que sustentam a Paz, que por ti, Altíssimo, serão coroados.
Louvado sejas, meu Senhor, por nossa irmã a Morte corporal, da qual homem algum pode escapar. Ai dos que morrerem em pecado mortal! Felizes os que ela achar conformes à tua santíssima vontade, porque a morte segunda não lhes fará mal!
Louvai e bendizei a meu Senhor, e dai-lhe graças, e servi-o com grande humildade.

Nas angústias da agonia/ socorrei-nos, ó Maria!/ Morte boa vinde dar,/ Virgem Santa, Mãe sem par!
Sede-nos, ó Mãe divina,/ nossa Estrela Matutina!/ Vinde à Pátria nos guiar,/ Virgem Santa, Mãe sem par!

Maria, Mãe de Jesus, Mãe de Deus e Mãe dos homens, materno refúgio dos que sofrem, volvei vossos olhos misericordiosos a nós que choramos a morte de N. Dai-nos a força que tivestes no Calvário ao abraçar e acarinhar vosso Filho morto na Cruz. Mãe das Dores, mesmo diante da morte, não duvidastes que ele reinaria vivo para sempre. Fostes a primeira criatura a transformar a dor da morte na alegria da páscoa. Ajudai-nos, com vosso poder materno, neste momento de aflição. Vinde em socorro de N e intercedei por ele(a) junto de vosso Filho, único juiz dos vivos e dos mortos. Consolai nosso coração com a certeza de vosso poder intercessor, ó clemente, ó piedosa, ó doce sempre Virgem Maria! Rogai por nós, Santa Mãe de Deus, para que sejamos dignos das promessas de Cristo. Amém.

Os Mistérios do Rosário

Gozosos: segunda-feira e sábado

1. A encarnação do Filho de Deus.
2. A visitação de Nossa Senhora a Santa Isabel.
3. O nascimento do Filho de Deus.
4. A Apresentação do Senhor Jesus no templo.
5. A Perda do Menino Jesus e o encontro no templo.

Dolorosos: terça-feira e sexta-feira

1. A Oração de nosso Senhor no Horto da Oliveiras.
2. A Flagelação do Senhor.
3. A Coroação de espinhos.
4. O Caminho do Calvário carregando a Cruz.
5. A Crucificação e Morte de nosso Senhor.

Gloriosos: quarta-feira e domingo

1. A Ressurreição do Senhor.
2. A Ascensão do Senhor.
3. A Vinda do Espírito Santo.

4. A Assunção de Nossa Senhora aos Céus.
5. A Coroação da Santíssima Virgem.

Luminosos: quinta-feira
1. O Batismo no Jordão.
2. A autorrevelação nas bodas de Caná.
3. O anúncio do Reino de Deus convidando à conversão.
4. A Transfiguração.
5. A Instituição da Eucaristia, expressão sacramental do mistério pascal.

Textos catequéticos

Morte: porta da imortalidade

Se cremos no Cristo, se temos fé em suas palavras e promessas, não morremos eternamente. Caminhemos, pois, com alegria e tranquilidade em direção ao Cristo, com quem havemos de vencer e reinar para sempre.

Porque, ao mesmo tempo que morremos, somos pela morte conduzidos à imortalidade; nem é possível que venha a vida eterna sem que tenhamos saído do mundo. Isso, portanto, não significa mais um fim, mas a passagem e migração para o eterno, depois de percorrido o caminho do tempo. Quem não se apressará em chegar ao melhor? Se o Apóstolo Paulo prega dizendo: "A nossa pátria está no céu, donde esperamos o Senhor Jesus Cristo, que transformará nosso corpo miserável, configurando-o com seu corpo glorioso" (*Fl* 3,20-21), quem não deseja com ardor ser mudado e transformado na figura do Cristo e chegar mais depressa à majestade da glória celeste? Que seremos assim, o Cristo igualmente promete, quando ora ao Pai para que estejamos a seu lado, habitemos com ele nas moradas eternas e alegremo-nos nos domínios celestes: "Pai, quero que os que me deste estejam comigo onde eu estarei, e que eles vejam a glória que tu me deste antes que o mundo fosse feito" (*Jo* 17,24).

São Cipriano de Cartago, † 258,
no livro *A mortalidade*, n. 22

Convém rezar por todos os mortos

Só serão proveitosas aos mortos as súplicas oferecidas de modo conveniente por eles, no sacrifício do altar, no de nossas orações e esmolas. É preciso dizer, porém, que não serão proveitosas a todos a quem pretendemos ajudar, mas somente àqueles que, durante a vida, tornaram-se dignos de tal benefício. Mas, como não podemos discernir quais sejam, convém apresentar orações por todos os regenerados, para não acontecer omitir alguém entre aqueles a quem esses benefícios possam servir. Melhor é que haja sobejo dessas boas obras, oferecidas por aqueles a quem não possam ser úteis, a que venham a faltar àqueles que delas podem tirar proveito.

Santo Agostinho, † 430,
O Cuidado devido aos Mortos, 22

A criatura humana tem um destino eterno

É em face da morte que o enigma da condição humana mais se adensa. Não é só a dor e a progressiva dissolução do corpo que atormentam o homem, mas também, e ainda mais, o temor de que tudo acabe para sempre. Mas a intuição do próprio coração fá-lo acertar, quando o leva a aborrecer e a recusar a ruína total e o desaparecimento definitivo de sua pessoa. O germe de eternidade que nele existe, irredutível à pura matéria, insurge-se contra a morte. Todas as tentativas da técnica, por muito úteis que sejam, não conseguem acalmar a ansiedade do homem: o prolongamento da longevidade biológica não pode satisfazer aquele desejo de uma vida ulterior, invencivelmente radicado em seu coração.

Enquanto, diante da morte, qualquer imaginação se revela impotente, a Igreja, ensinada pela revelação divina, afirma que o homem foi criado por Deus para um fim feliz, para além dos limites da miséria terrena. A fé cristã ensina que a própria morte corporal, de que o homem seria isento se não tivesse pecado (*Rm* 6,23), acabará por ser vencida, quando o homem for pelo onipotente e misericordioso Salvador restituído à salvação que por sua culpa perdera.

Com efeito, Deus chamou e chama o homem a unir-se a ele com todo o seu ser na perpétua comunhão da incorruptível vida divina. Esta vitória, alcançou-a Cristo ressuscitado, libertando o homem da morte com a própria morte (*1Cor*

15,56-57). Portanto, a fé, que se apresenta à reflexão do homem apoiada em sólidos argumentos, dá uma resposta a sua ansiedade acerca de seu destino futuro; e ao mesmo tempo oferece a possibilidade de comunicar em Cristo com os irmãos queridos que a morte já levou, fazendo esperar que eles alcançaram a verdadeira vida junto de Deus.

Gaudium et Spes, 18

Formamos uma comunhão de vida com os mortos

Cremos na vida eterna. Cremos que as almas de todos aqueles que morrem na graça de Cristo – quer as que se devem ainda purificar no fogo do Purgatório, quer as que são recebidas por Jesus no Paraíso, logo que se separam do corpo, como sucedeu com o Bom Ladrão –, formam o Povo de Deus para além da morte, a qual será definitivamente vencida no dia da Ressurreição, em que estas almas se reunirão a seus corpos.

Cremos que a multidão das almas, que já estão reunidas com Jesus e Maria no Paraíso, constituem a Igreja do céu, onde gozando da felicidade eterna, veem Deus como Ele é (*1Jo* 3,2), e participam com os santos Anjos, naturalmente em grau e modo diverso, do governo divino exercido por Cristo glorioso, uma vez que intercedem por nós e ajudam muito a nossa fraqueza, com sua solicitude fraterna.

Cremos na comunhão de todos os fiéis de Cristo, a saber: dos que peregrinam sobre a terra, dos defuntos que ainda se purificam e dos que gozam da bem-aventurança do céu, formando todos juntos uma só Igreja. E cremos igualmente que nesta comunhão dispomos do amor misericordioso de Deus e de seus Santos, que estão sempre atentos para ouvir nossas orações, como Jesus nos garantiu: "Pedi e recebereis" (*Lc* 11,9-10; *Jo* 16,24). Professando esta fé e apoiados nesta esperança, nós aguardamos a ressurreição dos mortos e a vida do século futuro.

Paulo VI, *Credo do Povo de Deus*

O que posso fazer para que todos se salvem

Às almas dos defuntos pode ser dado "alívio e refrigério" mediante a Eucaristia, a oração e a esmola. O fato de que o amor possa chegar até ao além, que seja possível um mútuo dar e receber, permanecendo ligados uns aos outros por vínculos de afeto para além das fronteiras da morte, constituiu uma convicção fundamental do Cristianismo através de todos os séculos e, ainda hoje, permanece uma experiência reconfortante.

Quem não sentiria a necessidade de fazer chegar aos seus entes queridos, que já partiram para o além, um sinal de bondade, de gratidão ou mesmo de pedido de perdão? Nossas vidas estão em profunda comunhão entre si; por meio de numerosas interações, estão concatenadas uma com a outra. Ninguém vive só. Ninguém peca sozinho. Ninguém se salva sozinho. Continuamente entra em minha existência a vida dos outros: naquilo que penso, digo, faço e realizo. E, vice-versa, minha vida entra na dos outros: tanto para o mal como para o bem. Deste modo, minha intercessão pelo outro não é de forma alguma uma coisa que lhe é estranha, uma coisa exterior, nem mesmo após a morte.

Na trama do ser, meu agradecimento a ele, minha oração por ele pode significar uma pequena etapa de sua purificação. Nunca é tarde demais para tocar o coração do outro, nem é jamais inútil. Assim se esclarece melhor um elemento importante do conceito cristão de esperança. Nossa esperança é sempre essencialmente também esperança para os outros; só assim é verdadeiramente esperança também para mim. Como cristãos, não basta perguntarmo-nos: como posso salvar-me? Deveremos antes perguntar-nos: o que posso fazer a fim de que os outros sejam salvos e nasça também para eles a estrela da esperança? Então terei feito também o máximo por minha salvação pessoal.

Bento XVI, *Encíclica Spe Salvi*, n. 48

Índice

FSC
www.fsc.org
MISTO
Papel produzido a partir de fontes responsáveis
FSC® C132240

A marca FSC® é a garantia de que a madeira utilizada na fabricação do papel deste livro provém de florestas que foram gerenciadas de maneira ambientalmente correta, socialmente justa e economicamente viável.

Este livro foi composto com as famílias tipográficas Gill Sans MT e Segoe UI
e impresso em papel offset 75g/m² pela **Gráfica Santuário**.